Markus Aronica

Vom Teufelchen zum Weltenrichter

Eine Einführung in das Bildprogramm der Portalhalle
im Freiburger Münsterturm

W0413199

Promo Verlag GmbH

Für die Unterstützung bei der Herausgabe dieser Broschüre
bedanken wir uns ganz herzlich bei:

Erzbischöfliches Ordinariat, Freiburg

Freiburg, im November 2010

Markus Aronica, Autor

3. Auflage
Alle Rechte vorbehalten
© 2010 Promo Verlag GmbH, Freiburg

Fotos: Karl-Heinz Raach

Gestaltung: Promo Verlag GmbH
Layout: Angelika Kraut

Druck: Poppen & Ortmann Druckerei und Verlag KG, Freiburg

Printed in Germany
ISBN: 978-3-923288-74-8

Vorwort

In der Portalhalle des Freiburger Westturms befindet sich ein umfangreicher und sehr gut erhaltener Skulpturenzyklus des ausgehenden 13. Jahrhunderts in der Farbenpracht seiner Bemalung aus dem 19. Jahrhundert. Die Figuren sind bewegt und zeigen starken Ausdruck. Hier und da kann man auch über ihre Mimik und Körperhaltung schmunzeln. Dies deutet für mich darauf hin, dass die Gestalter der Portalhalle ihre Glaubensbotschaft nicht ohne Selbstironie und mit einer guten Portion Humor ins Bild gebracht haben.

Neben Figuren aus dem Leben und Sterben Jesu Christi bleibt den meisten Besuchern der Fürst der Welt (S. 47) mit seiner scheinheiligen Fassade und dem von Kröten, Würmern und Echsen zerfressenen Rücken in Erinnerung. Oder die Stützen der mittelalterlichen Gesellschaft – König, Papst und Bischof –, die als erste zum weit aufgerissenen Höllenrachen abgeführt werden (S. 39). Das im Volksmund so genannte „betende Teufelchen" (S. 36) soll gemäß einer romantischen Erzählung wandernde Gesellen fasziniert haben. Die Erzählung besagt, dass man sich zur Kontrolle, ob der Gesellenbruder tatsächlich in Freiburg war, den genauen Standort des Teufelchens beschreiben ließ.

Damit sich heutige Besucher der Portalhalle an das ganze Bildprogramm leicht erinnern können, ist dieses Büchlein entstanden. Eine Gesamtansicht der Portalhalle findet man in der Mitte, Erläuterungen zu Fachbegriffen am Ende. Die beiden Einleitungen in die Baugeschichte (S. 6–9) und in das theologische Bildprogramm (S. 10–14) können bei einer ersten Lektüre übersprungen werden.

Als wissenschaftliche Quellen dieser Einführung empfehle ich
Dieter Gerhard Morsch: Die Portalhalle im Freiburger Münsterturm, Münster 2001
sowie zum Gleichnis über die klugen und törichten Jungfrauen
Ulrich Luz: Das Evangelium nach Matthäus. Mt 18–25 (Band 3), Neukirchen-Vluyn 1997, 465–492.

Dem Promo Verlag danke ich für die inzwischen dritte Auflage des Büchleins, Karl-Heinz Raach für die Fotografien und Dieter Gerhard Morsch für die fachliche Beratung.

Freiburg, im November 2010
Markus Aronica

Inhalt

TYMPANON DER FREIBURGER PORTALHALLE

Die Baugeschichte der Portalhalle

Baulich verwandt ist die Freiburger Portalhalle mit der Südfassade von Notre-Dame in Paris und mehr noch mit der Westfassade des Straßburger Münsters. Sie entstand in den 1270er und 1280er Jahren. Die letzten Figuren wurden um 1291 eingestellt.

DRITTES SOCKELRELIEF DER LINKEN PORTALGEWÄNDE – TANZ DER SALOME UND HINRICHTUNG JOHANNES DES TÄUFERS (VOR 1277)

Alle Portalteile wurden mit dem Bau eingesetzt und nicht nachträglich in die bereits fertig gestellte Halle gebracht. Auch die Baldachine der Wandarkatur wurden nicht erst später eingedübelt. Der einheitliche Stil der Bauteile spricht für eine kurze Entstehungszeit. In dieser ersten Bauphase ist auch die Madonna am Trumeau entstanden. Die übrigen Figuren in den Portalgewänden und Arkaturen wurden dagegen erst gehauen und eingesetzt, nachdem die Halle baulich vollendet war und während der Turmbau fortgesetzt wurde. Der sich verändernde Stil der Skulpturen ermöglicht es, auf die Reihenfolge ihrer Entstehung zu schließen. Die älteren Figuren stehen in den Portalgewänden, die jüngeren auf den Arkaturen. Die stilistisch spätesten und wohl zuletzt eingestellten Skulpturen sind die biblischen Heiligen an der Nordwand: Maria Magdalena, Abraham, Johannes der Täufer, Elisabeth und Zacharias.

Zur Baugeschichte der Portalhalle gibt es keine schriftlichen Quellen. Der Baubeginn des Turms wird selbst noch in der neueren Forschung meist in die 1240er Jahre datiert, insofern man annimmt, dass der Glockenstuhl vor der 1258 gegossenen Hosannaglocke fertig gestellt worden war. Plausibler ist jedoch die Annahme, dass die Hosannaglocke schon im Turm der romanischen Vorgängerkirche hing. Er wurde wahrscheinlich beim Neubau des Münsters zunächst vom Abriss verschont und vom gotischen Kirchenbau ummantelt, bis der neue Turm die Glocken aufnehmen konnte. Hier sei nun die **Entstehung der Portalhalle** im Einzelnen beschrieben:

Die naturwissenschaftliche Datierung des Dachstuhlholzes über den ältesten gotischen Gebäudeteilen des Münsters, die an das romanische Querhaus anschließen, ergibt das Jahr 1256. Nach der Errichtung dieses Dachstuhls musste dort noch eingewölbt und das Strebewerk fertig gestellt werden. Dann baute man Stück für Stück die Außenmauern nach Westen weiter. Erst ab etwa 1270 konnte somit mit dem Turmbau begonnen werden. Nachdem der Turm eine entsprechende Höhe erreicht hatte und als Stütze dienen konnte, wurden die unteren Längsbögen (Mittelschiffarkaden) im Innern eingespannt und die Seitenschiffe eingewölbt. Dort haben sich Reste der Erstverglasung erhalten, die in die ersten 1280er-Jahre datiert sind. Diese Verglasung gibt den Abschluss der Bauarbeiten in den Seitenschiffen an und ermöglicht dadurch die Datierung des Turmbaus bis zur Gewölbehöhe der Portalhalle. Diese wurde somit in den Jahren von etwa 1270 bis etwa 1285 errichtet, es waren jedoch noch nicht alle Figuren eingestellt.

König David, Königsarchivolte (um 1281–1284)

Die Freiburger Steinmetze können zunächst keine Baudetails der Straßburger Westfassade studiert haben, weil der Baubeginn des Freiburger Turms vor deren Fundamentierung 1277 lag. Deshalb wirken die Wandarkaturen und die meisten Figurensockel noch etwas schwerfällig und derb. Mit der Straßburger Fassade stand aber dann Studienmaterial zur Verfügung. Es veränderte den Freiburger Stil, aber nicht so sehr, dass dieser zugunsten des Straßburger Stils abgebrochen wurde. Der Straßburger Einfluss zeigt sich vor allem im Tympanon in der Übernahme von Figurenmotiven. In Faltenführung, Eleganz und Ausdruckskraft stehen die Freiburger Skulpturen den

Verkündigungsengel und Verkündigungsmaria, rechtes Gewände (um 1285-1290, teils falsch ergänzt)

Straßburger Figuren jedoch nach. Hohe Qualität allerdings hat beispielsweise die Jessefigur am Sockel der Trumeaumadonna. Auffallend ist die organische Beweglichkeit des Jesses gegenüber den Tympanon- und den Archivoltenfiguren. Aus dem Vergleich mit Straßburg können wohl der Trumeau mit der Madonna, das Tympanon und die Archivolten in die Zeit von 1281 bis 1284 datiert werden.

Die später eingestellten Gewände- und Arkaturfiguren spiegeln den Stil des Straßburger Jungfrauenportals aus den 1280er Jahren wider. Die zuletzt eingestellten Skulpturen in der Portalhalle, die biblischen Heiligen, lösen sich von dem Vorbild der Straßburger Jungfrauen. Frontal stehende, blockhafte Figuren mit starren, durchfurchten Gesichtern wurden modern. Ihre Entstehungszeit lässt sich von stilistisch ähnlichen Figuren außen am Turmuhrengeschoss ableiten: Das Glockenhaus des Münsterturms war Anfang des 14. Jahrhunderts ganz umbaut und eingewölbt. Die Stütz- und Schmuckpfeiler (Spornpfeiler) dort lassen sich mit älterem Fensterschmuck im Kircheninnern vergleichen, der vor 1301 entstanden sein muss. So kann man die Skulpturen am Turmuhrengeschoss und die etwa gleichzeitig entstandenen biblischen Figuren der Portalhalle verhältnismäßig sicher auf etwa 1291 zurück datieren.

Kluge Jungfrau, nördliche Wandarkatur (um 1285-1290)

Zacharias und Elisabeth, nördliche Wandarkatur (um 1291)

Wie liest man das Bildprogramm der Portalhalle?

Durch ein weites Außenportal betritt man die Halle mit fast quadratischem Grundriss. Vor den Besuchern liegt das Innenportal zum Kirchenraum. Es hat zwei Tore und einen prächtigen Mittelpfeiler (Trumeau). Über dem Innenportal sieht man ein von Spitzbögen gerahmtes und mit Figurenreliefs ausgestaltetes Bildfeld (Tympanon). Bildfeld und Portal werden von in Stufen auf das Portal zulaufenden Säulen, Bögen und Nischen gerahmt (Archivolten und Gewände). Die Archivolten zeichnen Figurenreihen um das Tympanon. Die Figuren in den Gewänden bilden mit der Madonna am Mittelpfeiler eine Reihe. Diese Reihe wird rechts und links an den Seitenwänden weitergeführt in schmuckvollen Wandarkaturen. Die Figuren reichen bis zum Außenportal an der Westwand.

Hauptthema des Figurenprogramms ist das Jüngste Gericht. Als zur untergehenden Sonne orientiert, reflektiert das Hauptportal des Münsters das Ende der einmal untergehenden Welt. Aus den Darstellungen geht nur scheinbar direkt hervor, wie sich die Menschen im Mittelalter das Weltgericht vorstellten. Deshalb sei hier das theologische Bildverständnis des 13. Jahrhunderts angesprochen.

Das theologische Bildverständnis

Einige Zeit vor dem Entstehen der Portalhalle in Freiburg hat das IV. Laterankonzil (1215) herausgehoben, dass die Rede von Gott sich notwendigerweise in menschlicher Sprache, also in Symbolen und Bildern vollzieht. Diese Metaphern könnten Gott aber nur unzureichend umschreiben, sie seien in gewisser Weise eher falsch als richtig. Das heißt, dass alle Aussagen über Gott, aber auch über Schöpfung, Himmel, Hölle und Jüngstes Gericht nicht auf Wissen beruhen. Bei der Beschreibung des Jenseits handelt es sich einfach um Vorstellungen, die sich bewährt haben. Sie stärken den Glauben an eine Rettung der Menschheit sowie an Gottes endgültig ausgleichende Gerechtigkeit.

Die Figuren und Szenen beschreiben somit nicht in erster Linie, was einmal geschah oder was geschehen wird, sondern zeigen auf, was beständig geschieht oder in theologischer Perspektive geschehen soll: Menschen verlieren wie Adam und Eva – auch durch ihre freie Entscheidung – den Frieden und das Glück. Sie sehnen sich jedoch danach wie die meisten biblischen Glaubenszeugen. Nun beeindruckte Jesu Umgang mit den Menschen, sein Wirken als Heiler, Therapeut und Prediger sowie die konsequente Vollendung seines Lebenswegs am Kreuz seine Schüler so sehr, dass diese bezeugten, in diesem Menschen begegne einem Gott selbst. Niedergeschlagen hat sich ihr Zeugnis im Osterglauben, in den Hoheitstiteln des Sohnes Gottes, des Christus als endzeitlichem Friedenskönig sowie im Gedanken der Menschwerdung Gottes. Diese hat den Sinn, die Menschen wieder ihrer eigentlichen Bestimmung, der Teilhabe am göttlichen Leben, zuzuführen. Es liegt in ihrer Freiheit, das Lebensangebot Gottes anzunehmen oder auszuschlagen. Nachfolge Jesu ist dann nicht nur die Orientierung an seinem Lebensweg, sondern auch an seinem wohlwollenden Blick auf die Menschen damals, auf uns und mich heute.

Engel mit Christussonne, Prophet Jona, Engel mit Richterschwertern und Allherrscher in den Archivoltenscheiteln

Um eine Erschließung des christlichen Glaubens im Bewusstsein um seine besondere Sprechweise haben sich im 20. Jahrhundert besonders der Philosoph Paul Ricœur, der Theologe Hans Urs von Balthasar und in Freiburg Bernhard Welte, Karl Rahner, Gisbert Greshake und Hansjürgen Verweyen verdient gemacht.

Die Darstellung des Dramas und der Errettung menschlicher Existenz findet man im Freiburger Münster mehrfach. Die beiden späteren Portale am Ostchor zeigen Schöpfung, Paradiesverlust, Kreuzigung und Wiedergewinnung paradiesischen Lebens, repräsentiert in der Aufnahme Mariens in den Himmel. Auch die Altartafeln Hans Baldungs stellen Szenen der Menschwerdung und Kreuzigung dar – und die Vollendung menschlichen Daseins in der Marienkrönung.

Mittelachse mit Christus-darstellungen

Die Hauptleserichtung

Die Bestimmung jedes Menschen ist nach christlichem Verständnis mit dem Leben, Sterben und der Auferstehung Jesu Christi verbunden.
Um dies auszudrücken, finden sich auf der Mittelachse des Tympanons zwischen und über den beiden Holzportalen drei große **Christusdarstellungen:** Christus als Kind auf dem Arm seiner Mutter unten, der Gekreuzigte im Zentrum des Tympanons und oben der Weltenrichter des Jüngsten Gerichts. Auf derselben Achse sind ihnen mehrere kleine Figuren zugeordnet: am Trumeausockel Jesse (S. 22), über dem Kreuz die Allegorie des Pelikans (S. 29-30), in den Scheiteln der Archivolten eine Christussonne in den Händen eines Engels, Jona entsteigt aus dem Bauch des Fisches als Hinweis auf die Auferstehung, ein Engel mit Schwertern als Zeichen der Richtergewalt und schließlich eine Figur der Allherrschaft Christi (S. 11).
Die um diese Mittelachse gruppierten szenischen Figuren deuten die Christusbotschaft weiter aus: Der Madonna sind Szenen aus den Geburts- und Kindheitsgeschichten zugeordnet und dem Kruzifixus Passionsszenen. Der Weltenrichter ist Zentrum einer Gerichtsdarstellung.
Wie kann sich ein Mensch verhalten, um vor diesem Richter zu bestehen? Was ist die Grundlage seiner Rechtsprechung? Welches Gesetz vertritt er? Ich glaube, dass das Bildprogramm eine Antwort auf diese Fragen gibt. Die zahlreichen Christusfiguren markieren dabei eine erste Leserichtung, die in der Identität des Weltenrichters mit Jesus Christus gründet, seine Lebensbotschaft ist die Grundlage seiner Rechtsprechung als Richter. Das Prinzip dieser Rechtsprechung bestimmt zunächst alle Figuren, die in Tympanon, Gewänden und Archivolten dargestellt sind. Es wirkt schließlich weiter auf die Figuren der Seitenwände bis zum Außenportal an der Westwand. Die einzigartige Gerechtigkeit der Person Jesu Christi ummantelt gewissermaßen von der Mittelachse her die Eintretenden.

Die zweite Leserichtung

Eine zweite Leserichtung orientiert sich an der Buch- und Ereignisfolge der Bibel. Sie beschreibt die Geschichte der Menschen mit Gott vom Anfang bis zum Ende der Welt: Beginnend mit Adam und Eva sind in den Archivolten über dem Tympanon alle wichtigen Persönlichkeiten des Alten Testaments aufgereiht. Es folgen im Tympanon und in der von der Madonna ausgehenden Figurenreihe Gestalten des Neuen Testaments. Weitere Heilige und allegorische Figuren sind positive und negative Vorbilder, die unserer heutigen Lebensart wie Lebensmodelle gegenüberstehen. Das Bildprogramm wird so zu einer Gewissenserforschung unter der Vorstellung eines Jüngsten Gerichts, bei dem die Bedeutung jedes einzelnen Menschen für den Lauf der Welt bedacht werden wird.

Die untersten und äußersten Plätze in den Archivolten sind mit den Figuren von **Eva und Adam** besetzt. Links steht Eva unbekleidet neben dem Paradiesbaum und greift gerade nach der Paradiesfrucht, die ihr die Schlange mit ihrem Maul reicht. Sie hat ihren Blick abgewandt, ihre Wangen sind gerötet, das Haar fällt auf ihre schlanken Schultern, die Beine sind verspielt gekreuzt. Insgesamt hat sie die Ausstrahlung eines lebensfrohen jungen Mädchens. Eva macht eine Schrittbewegung hin zu Adam auf der anderen Seite des Portals, um ihm die Frucht anzubieten. Hier ist der Augenblick des menschlichen Sündenfalls dargestellt. Adam gegenüber bedeckt seine Blöße mit einem Blattbüschel, ist also nach dem Sündenfall

Eva, erste Figur der Patriarchenarchivolte links

ADAM, ERSTE FIGUR DER PATRIARCHENARCHIVOLTE RECHTS

abgebildet und in Erkenntnis des Verlustes seiner Unschuld. Er hat ein volles und jugendliches Antlitz sowie lange Haare. Sein Blick fällt nach unten, abwehrend hält er die linke Hand nach vorn, als wolle er das Geschehene leugnen. Das Drama des menschlichen Sündenfalls wird im Neuen Testament mehrfach kontrastiert mit der Erneuerung der Menschheit durch Christus. Ein Vergleich der Züge Adams mit denen des Gekreuzigten und des Weltenrichters mag die charakterlichen Unterschiede der beiden Hauptvertreter des Menschengeschlechts offen legen.

Vom Kind zum Friedenskönig

Trumeaumadonna (um 1281–1284)

Ein königliches Kind

Der Mittelpfeiler des Innenportals ist der programmatisch wichtigste Platz eines Portals des späten 13. Jahrhunderts. In Freiburg steht hier eine **Madonna.** Die hoch gewachsene und schlanke Maria trägt einen Mantel ohne Schließe und darunter ein feines Untergewand mit bewegtem Faltenwurf. Ihre zarten Gesichtszüge zeigen klar geöffnete Augen, einen kleinen Mund, eine schmale, gerade Nase, die in die Augenbrauen ausläuft, und voluminöses in Strähnen zusammengebundenes Haar. In einer leichten Vorwärtsbewegung auf die Betrachter zu trägt sie Christus auf dem linken Arm. Mit dem rechten Bein stützt er sich an der Mutter ab, sein freundliches Antlitz ist von Locken umrahmt. Das innige Verhältnis zwischen Sohn und Mutter drückt die gegenseitige Blickzuwendung aus. Die Madonna trägt Krone, Zepter und prächtige Kleidung.
Auffallend ist beim **Kind** das einfache Kleidchen mit vier Knöpfen, das auf seine menschliche Natur und auf die ärmlichen Verhältnisse seiner Geburt anspielt. Der rechte – ergänzte – Arm war vermutlich ursprünglich im Allmachtsgestus leicht erhoben und zeigte damit die göttliche Natur Christi. Die Frucht der Paradiesgeschichte in seiner linken Hand erweist Christus in Gegenüberstellung zu Adam als Erneuerer der Menschheit. In die kunstvoll komponierte Figur sind bewusst Gestaltungselemente aus der biblischen Erzählung von der Geburt Jesu und aus Glaubensaussagen über die Natur dieses Kindes eingearbeitet. So werden die Betrachter angehalten, in Jesus Christus gleichzeitig eine menschliche und eine göttliche Natur zu sehen und ihn als Erlöser der Menschheit anzuerkennen.
Auch Maria, im Neuen Testament eine einfache Frau, ist hier unpassend zur biblischen Überlieferung mit Krone und Blumenzepter dargestellt. Damit wird auf die Metapher vom Königtum Gottes, Christi und der Seligen angespielt. Die Überführung der geschichtlichen Personen Jesus von Nazareth und seiner Mutter in einen überzeitlichen Bereich ermöglicht dabei, ihr jeweiliges Wesen für den Glauben auszudrücken.

Biblische Königsherrschaft

Im Alten Testament stellte man sich Gott als idealen König Israels vor, der sein Volk nach außen schützt und seinen inneren Frieden erhält. Mit der Königsvorstellung verbindet sich die Errettung des Volkes aus der Sklaverei in Ägypten und Gottes Zuwendung zu den sozial Schutzbedürftigen der damaligen Gesellschaft, in biblischer Sprache, zu den Witwen und Waisen. Das davidische Königsgeschlecht sollte im Königtum Gottes ein Vorbild für seine Herrschaftsausübung als Heerführer und Richter sehen. Seit dem Untergang des Königsgeschlechts erhofft Israel einen endzeitlichen Friedenskönig in der Gestalt des Messias.

CHRISTUS AUF DEM ARM DER TRUMEAUMADONNA

Das Neue Testament nennt in Anspielung darauf Christus König, jedoch mit noch unvollkommenen und scheinbar paradoxen Herrschaftsprinzipien – so der Bibeltheologe Helmut Merklein. Seine Königsherrschaft stütze sich nicht auf herkömmliche Machtausübung, sondern auf Menschenfreundlichkeit, Toleranz, Gewaltlosigkeit und Opferbereitschaft. Die göttliche Liebe regiere ohne das menschliche Bestreben nach Machterhaltung um ihrer selbst willen. Sie gibt frei und erweise sich darin stark. Wer dieses Herrschaftsprinzip anerkennt, erhalte Anteil am Königtum Christi.

Die Madonna enthüllt in ihren königlichen Insignien ihren Anteil daran, am Kind ist dagegen das Königtum weitgehend verborgen, seine wahrhaft souveräne Herrschaft zeigt sich im Paradox der frei gewählten Selbsterniedrigung.

Verehrung des königlichen Kindes

Die benachbarten **Gewändefiguren** sind der Madonna zugeordnet. Sie zeigen Szenen aus den Geburtserzählungen Christi aus dem Matthäus- und Lukasevangelium und ergänzen so das Thema der Menschwerdung. Am rechten Portalgewände auf der linken Seite befindet sich zunächst die **Verkündigungsgruppe** (S. 6): Der Erzengel Gabriel wendet sich Maria zu und eröffnet ihr mit den Worten seines Spruchbandes die Geburt des göttlichen Kindes. Die junge, innerlich bewegte Frau erklärt sich dazu bereit. Ihre beiden Hände und die Taube als Hinweis auf den Geist Gottes wurden hier falsch ergänzt. Sie zeigten ursprünglich wohl Gebärden der Offenheit für die Botschaft.

Wie im Lukasevangelium folgt auf die Verkündigung die **Begegnung Marias mit ihrer älteren Verwandten Elisabeth.** Diese trägt Johannes den Täufer unter ihrem Herzen. Die innige Umarmung und Berührung der beiden in der folgenden Nische zeigt Freude und Dankbarkeit der Frauen über ihre Teilhabe an Gottes Menschwerdung. Im Evangelium singt Maria bei dieser Begegnung einen Hymnus darauf, das Magnificat. Dabei klingen teils provokante Töne der Gottesherrschaft an, wenn Maria feststellt, dass Gott die Mächtigen vom Thron stürzt und Niedrige erhöht, Hungernde mit Gaben beschenkt werden, während Reiche leer ausgehen.

Elisabeth und Maria, rechte Gewände

Die Heiligen Drei Könige, linke Gewände

Am linken Portalgewände bezeugen die **Heiligen Drei Könige** – im Matthäusevangelium als Sterndeuter bezeichnet – die Offenbarung des menschgewordenen Gottes vor allen Völkern. Sie vertreten alle im Mittelalter bekannten Erdteile sowie verschiedene Lebensalter. Gewöhnlich huldigen die zu Königen gewordenen Sterndeuter dem Kind vor einer sitzenden Madonna. Die Madonna am Trumeau aber steht und beachtet die Könige nicht, vor allem widersprechen der biblischen Szenerie die königlichen Insignien wie Rosenzepter und Krone. Hier wird nicht die Huldigungsszene des Evangeliums gezeigt. Als Trägerin der Botschaft von der Menschwerdung Gottes auf der repräsentativen Portalmittelachse bleibt die Madonna für sich. Die Könige respektieren dies: Keiner von ihnen sieht zur Trumeaufigur, der erste König hat aus Hochachtung vor dem Kind zwar seine Krone abgenommen, blickt aber über sich zum Engel mit dem Stern, der zweite weist auf den Stern und ist dabei mit dem dritten im Gespräch.

Judentum und Christentum

An äußersten Gewändeplätzen befinden sich die Verkörperungen des Alten und des Neuen Testaments, des Judentums und des Christentums, **Synagoge und Ecclesia** (lat. Kirche). Sie stehen gewöhnlich beim Kreuz, unter dem sich die Geister am Bekenntnis zu Jesus scheiden. Christen sehen in Jesus den Messias und Christus, Juden sehen heute in ihm einen Propheten unter anderen. Vermutlich wollten die Programmgestalter durch die ungewöhnliche Platzierung ausdrücken, dass sich die Glaubenswege von Judentum und Christentum nicht erst unterm Kreuz, sondern schon bei der Geburt, beim Gedanken eines menschgewordenen Gottes scheiden.
Die abschätzige Darstellung der Synagoge als junges Mädchen mit verbundenen Augen und (falsch ergänzter) Krone, ohne Mantel und mit gebrochenem Stab zeigt sie zwar als Königin des Glaubens. Die Mitte dieses Glaubens, das Buch des Gesetzes, hält sie aber kraftlos nach unten. Ihre Herrschaft ist übergegangen auf die nach vorn schreitende Ecclesia, eine erwachsene Frau mit stolzem Blick, selbstbewusst zurückgelehntem Oberkörper, Krone, Mantel, Kelch und (ergänztem) Siegesstab. Das Kreuz darauf und der Kelch weisen auf das freiwillige Sterben Christi für seine Botschaft von der bedingungslosen Liebe Gottes. Für Ecclesia ist die Verheißung ewigen Lebens Geschenk und Angebot in Christus, nicht Belohnung für buchstabentreue Gesetzeserfüllung. Ihre Art zu glauben wird als der jüdischen überlegen vorgestellt. Was darin allerdings abgelehnt wurde, ist eher ein Zerrbild dessen, was der alttestamentlich-jüdische Glaube lehrt.

Ecclesia, äussere Figur der linken Gewände

In der Passionsszene im unteren Bildfeld des Tympanons finden sich Peiniger Christi mit mittelalterlichem Judenhut (S. 34). Nach heutigem Wissensstand ist die in den Evangelien behauptete Beteiligung der religiösen Oberschicht Israels am Tod Jesu fraglich. Denn die Evangelien entstanden in einer Zeit der Ablösung der ersten Christengemeinden vom Judentum und beinhalten deshalb historisch überzeichnende Schuldzuweisungen. Die soziale Benachteiligung der Juden im Mittelalter zeigt dann ein Defizit an interreligiöser Toleranz im damaligen Europa. Schließlich steht das Judentum dem Christentum als seine Wurzel von allen Weltreligionen am nächsten. Dies begründet auch ein im Kontrast zur Abwertung des Judentums stehendes und deshalb sehr wertvolles Zeichen: Sowohl in den Archivolten als auch in den Wandarkaturen werden Vorbilder für die religiöse Lebensführung gezeigt, die ganz im jüdischen Glauben verwurzelt waren.

Abraham, nördliche Wandarkatur

Synagoge, äussere Figur der rechten Gewände

In der nördlichen Wandarkatur etwa steht **Abraham** mit seinem Sohn Isaak. Er ist bereit, seinem Gott sogar den einzigen und lang ersehnten Erbfolgen zu opfern. Der Vater trägt ein schlichtes Gewand und Spitzbart, die Stirn liegt in Falten. Seine linke Hand ruht auf dem Kopf des Kindes, das wie erstarrt dasteht. Die Hand eines Engels hält das schon zum Schlag ausgeholte Schwert zurück. Abrahams Blick wendet sich um, er hört wohl gerade die göttliche Stimme, die ihn vom Wahn des Menschenopfers abhält – so die wissenschaftliche Bibelauslegung heute. Als einer der ersten Glaubenden für die israelitische Religion lotet Abraham die Tiefe seiner Gottesbeziehung aus.

Von der Verheißung zur Erfüllung

Im Mittelalter verstand man unter einer Verheißung in erster Linie die Vorhersage eines Ereignisses, beispielsweise die Geburt eines Kindes. Sie galt als erfüllt, wenn das Ereignis eintrat. Wenn man Prophetenworte aber nur hellseherisch versteht, übersieht man ihren ursprünglichen Sinn und Wert. Sie sind in einer konkreten persönlichen und gesellschaftlichen Situation entstanden und sprechen von Sehnsucht nach Gott und Hoffnung auf Gott. Erst nachträglich wurden sie mit Jesus von Nazareth verbunden. Denn er nahm sich die Propheten zum Vorbild und machte sich ihre Gottessehnsucht und ihre Hoffnungen zu eigen, lebte und wirkte daraus. Insofern hat er die Verheißung eines Friedenskönigs erfüllt, indem er sich nicht über, sondern unter die Ansprüche der Alten stellte und sie gleichzeitig mit seinem Leben neu prägte.

Jessefigur am Trumeausockel (um 1281–1284)

Am Trumeausockel unter der Madonna befindet sich die besonders wertvolle **Jessefigur.** Jesse war der Vater des Königs David und damit Stammvater des Königsgeschlechts Israels. Später war die Herrschaft der davidischen Könige vergangen, Israel befand sich im babylonischen Exil. Aus dieser Zeit stammt eine Vision im Buch des Propheten Jesaja: Wie aus dem Stumpf eines abgehauenen Baums sieht der Prophet aus Jesse einen neuen Zweig treiben. Damit wird dem entmachteten Königsgeschlecht ein Neubeginn seiner Herrschaft verheißen, und zwar mit einem endzeitlichen Friedenskönig. Die Prophetie von „Es ist ein Ros' entsprungen" passt so gut zur Lebensbotschaft Jesu von Frieden und Menschenfreundlichkeit, dass der Evangelist Matthäus in ihm den göttlichen Nachkommen von Jesse und David zu erkennen glaubt.

Man sieht den schlafenden Jesse in visionärem Schlummer auf einer sechseckigen Bank. Er hat eine akrobatisch anmutende, kauernde

Sitzhaltung, verschränkte Beine und trägt ein einfaches Gewand. Das Gesicht ist faltig und die Stirn hoch, lange Haare fallen dem Greis auf die Schultern zurück. Aus Schlitzen seines Untergewandes wachsen Akanthus- und Rosenranken, die auf der Trumeaufront die Marienfigur mit dem Kind einbetten. Maria trägt mit zierlich hochgestreckten Fingern in der Hand einen Rosenzweig und in der anderen das Kind als Erfüllung des Prophetenworts. Die Ranken wachsen dann weiter, rahmen die Szenen im Tympanon und grenzen sie von den Figuren in den Archivolten ab. Dort sind alle wichtigen Persönlichkeiten des Alten Testaments aufgereiht, weil sie Menschen waren, die die endzeitliche Vollendung der Welt erhofften.
Die Platzierung Jesses am Trumeau ist eine besondere Eigenleistung der Freiburger Programmgestalter. In den Ranken wird darüber hinaus ein verbindender Faden gesponnen von der Verheißung des Friedenskönigs zu seiner Gegenwart in der Menschwerdung Gottes, in Passion und Weltgericht.
Der Gang durch das Alte Testament ist in den **Archivolten** (S. 24) ausgeführt. Über Adam folgen streng biblisch-chronologisch die Patriarchen Abel (mit Opferlamm), Henoch, Noach (mit Arche), Melchisedek (mit Kelch), dann Abraham und Isaak (in Anspielung auf die angestrebte Opferung Isaaks), Jakob und dessen Sohn Juda. Judas Kopf wurde falsch ergänzt als König, erkennbar blieb er an seinem T-förmigen Stock unter dem Mantel. Es folgen auf der linken Seite nach unten Mose (mit Gesetzestafeln), sein Bruder Aaron und dessen Enkel Pinhas (in hohepriesterlichem Gewand), dann Kaleb und Josua (als Helden und Soldaten der Landnahme Kanaans), der Kriegsführer Gideon und das Ehepaar Rut und Boas (als Vorfahren Davids).
Die für das Königtum Gottes wichtige Königsarchivolte beginnt wieder rechts mit David (S. 5) Er trägt als Zeichen seiner musischen Begabung eine Harfe. Die reifen Gesichtszüge der Figur zeigen, dass der Feldherr und König in vielerlei Hinsicht mitten im Leben steht. Denn nicht nur Glauben und Redlichkeit machten seinen Charakter aus, er verübte Ehebruch und Mord. Erst eine Rüge des mutigen Propheten Natan brachte ihn zur Besinnung.
Die Figuren in der zweiten Archivolte folgen dann den biblischen Königschroniken bis zur Zerstörung Jerusalems. Man folgt dann wieder rechts von der ersten rechten Prophetenfigur der Reihe der (heute wahrscheinlich größtenteils mit falschen Namen bezeichneten) Propheten. Mit ihren Büchern schließt das Alte Testament ab. Die Engel in der innersten Archivolte gehören zum Hofstaat Gottes und huldigen ihm mit Kronen und Weihrauchgefäßen (S. 52) gemäß einer Vision aus der späteren Offenbarung des Johannes. Insgesamt ist damit in den Archivolten der vollständige Ablauf des Alten Testaments nachvollzogen. Es entsteht eine bei Adam beginnende Leserichtung, die im Gegenuhrzeigersinn spiralförmig von außen nach innen auf das Zentrum im Tympanon zuführt. Wohl nicht zufällig ist im Zentrum dieser Archivoltenspirale genau in der Tympanonmitte der Gekreuzigte platziert.

Archivoltenfiguren von aussen nach innen: Patriarchen, Könige, Propheten, Engel

Die Zahlen geben die Seiten an, auf denen die Figuren beschrieben oder gezeigt werden.

Figuren und Szenen im Tympanon (8–9)
Weltenrichter (30-31)
Zwölf Apostel als Beisitzer zum Weltgericht (8–9, 38)
Selige (38–39) Christus am Kreuz (29–31) Verdammte (38–39)
Auferstehung und Seelenwägung (36–37, 51)
Passion (34–35) Weihnachten (32–33, 50)

an der Westwand:
Fürst der Welt,
wollüstige Verführung,
Warnungsengel (46–47)

Mittelpfeiler (Trumeau)
Madonna (15–17)
Jesse (22)

Gewändefiguren links
Ecclesia (20–21), Heilige Drei Könige (19)
Sockelreliefs darunter:
Pilgerkrönung durch Jakobus und Glaubenszeugnis
des Andreas und Berufung des Matthäus,
Martyrium des Apostels Bartholomäus,
Tanz der Salome und Martyrium Johannes des Täufers (4, 45),
herabschwebender Engel mit Weihrauchfass in Kapellenschrein

Figuren in den nördlichen Wandarkaturen von links nach rechts
Zacharias, Elisabeth (7), Johannes der Täufer (45–46), Abraham (21), Maria Magdalena (44–45), fünf kluge Jungfrauen (6, 40–43), Bräutigam (44)

Vom Friedenskönig am Kreuz zum Weltenrichter

Christus am Kreuz

Die in der Madonna aufgenommene Thematik der Menschwerdung und Selbsterniedrigung Gottes wird im **Kruzifixus** weitergeführt. Das zur Seite fallende Haupt, die geschlossenen Augen und die matt herabhängenden Haare unter der Dornenkrone, vor allem aber seine tiefe Seitenwunde in der flachen Brust weisen auf sein Sterben als Mensch. Der Körper jedoch hängt nicht qualvoll und schmerzverzerrt durch, die Arme sind nahezu waagrecht ausgebreitet, als wollten sie die Welt umarmen. Vom Kreuz wird das Wolkenband im mittleren Register durchstoßen, es ragt weit in die himmlische Sphäre hinauf. Christus hat also die seit dem Sündenfall Adams (S. 14) verschlossenen Paradiespforten durchbrochen und nimmt die Glaubenden mit in seine göttliche Welt. Auf die am Kreuz typische Gegenüberstellung von altem und neuem Adam spielen auch der Schädel Adams als Fußstütze und das Astkreuz an, auf das Christus genagelt ist. Während der Baum der Erkenntnis Tod brachte, wurde die Menschheit am Lebensbaum des Kreuzes erneuert für die Ewigkeit.

Christus am Kreuz im mittleren Register des Tympanons

Auf dem Kreuz befindet sich ein Vogelnest, in dem sich ein Pelikan in die Brust schlägt, während seine Jungen dabei zusehen. Die Erzählung hierzu stammt aus einem mittelalterlichen Tierbuch: Wenn junge Pelikane kräftig werden, picken sie gegen ihre Eltern. Diese wehren sich und töten dabei die Jungen. Aus Reue darüber reißen sich die Eltern jedoch ihre Brust auf und erwecken mit dem Blut die Jungen zu neuem Leben. Die Allegorie zeichnet das Drama der menschlichen Existenz in Bildern nach, die an den Paradiesverlust mit Todesfolge und an das Sterben Christi für die Menschheit erinnern.

Christus als Weltenrichter im oberen Register des Tympanons

So interpretiert das Ineinander von Erniedrigung des unschuldig Hingerichteten und seiner Erhöhung in die himmliche Sphäre hinein nochmals die Herrschaftsausübung Gottes: Er will seinem Volk nicht nur im Bettlergewand der Menschengestalt nahe sein, sondern lässt sich – gewissermaßen um die Botschaft von seiner bedingungslosen Zuwendung zu beweisen – umbringen.

Zur Kreuzigung treten links etwas verkleinert Maria mit dem Lieblingsjünger Johannes hinzu, rechts deutet der römische Hauptmann auf den Gekreuzigten und bekennt, wie im Markusevangelium geschildert, Menschlichkeit und Göttlichkeit Jesu Christi mit den Worten: „Wahrhaft, dieser Mensch war Gottes Sohn." Der Soldat mit ehrfürchtig abgenommenem Helm und Lanze daneben steht wie ein Wächter mit dem Rücken zum Zug der Verdammten. Maria und Johannes dagegen führen den Zug der Seligen an.

Archivoltenfiguren (11, 23–24)
Patriarchen (13–14) mit Allherrscher im Scheitel,
Könige (5) mit Engel mit Schwertern im Scheitel,
Propheten mit Jona im Scheitel,
Engel (52) mit Christussonne im Scheitel

Gewändefiguren rechts
Verkündigungsengel,
Verkündigungsmaria (6, 18),
Maria und Elisabeth (18), Synagoge (20–21)
Sockelreliefs darunter:
kniebeugender Engel in Kapellenschrein,
der Auferstandene mit Maria Magdalena,
Thomas und anderen Aposteln (45),
Johannes der Evangelist wird mit
siedendem Öl übergossen,
Martyrium des Apostels Petrus

an der Westwand:
Astronomie,
heilige Margareta,
heilige Katharina (48–49)

Figuren in den südlichen Wandarkaturen von links nach rechts
Fünf törichte Jungfrauen (40–43),
Freie Künste (48–49):
Grammatik, Dialektik, Rhetorik, Geometrie, Musik, Arithmetik

Christus als Weltenrichter

Zum drittenmal in der Portalachse erscheint Christus im oberen Register als **Weltenrichter**. Es fehlt jede äußere Prachtentfaltung oder Triumphgebärde, der Thron ist ein einfacher Sitzkasten ohne Kissen und Lehnen. Der Richter trägt wieder ein ärmliches Gewand und zeigt seine Kreuzigungswunden, indem der die Hand erhebt und sein Obergewand über der Brust wegschiebt. Menschengestalt, Gewand, Kreuznimbus und das demonstrative Vorzeigen der Wundmale bezeugen seine Identität als Christus der Kreuzigung und Trumeaufigur. Auf die göttliche Natur Christi weisen Maria und Johannes der Täufer in Anbetungs- und Fürbittegesten neben dem Thron. Zwei Engel schweben mit Posaunenhörnern wie aus dem Tympanonfeld nach vorn heraus, um das Weltgericht zu eröffnen. Ihnen sind zwei weitere Engel mit Hörnern im unteren Register rechts und links zugeordnet, sie weisen mit ihren Instrumenten nach oben (S. 33). Vier weitere Engel präsentieren die Werkzeuge der Erlösung: das Kreuz, die Dornenkrone, den Kelch mit dem vergossenen Blut und die Geißel. Diese im Mittelalter so genannten Waffen Christi im Kampf gegen das Böse werden wie Triumph- und Hoheitszeichen gehalten und verdeutlichen das Prinzip seiner Rechtsprechung: Es ist die Liebe, die sich unschuldig am Kreuz hat hinrichten lassen.

Der Richter mit den Wundmalen bringt ein spannungsvolles Verständnis von einem milden und gestrengen Gericht zum Ausdruck. Die Betrachter dürfen auf einen milden Richter hoffen, weil dieser sich in liebender Selbsthingabe den bedürftigen Menschen gleich gemacht hat. Sie gewinnen aber genau dann die Krone des Reiches Gottes, wenn sie wie Christus aus ganzem Herzen leben und lieben. Die an der Decke im 19. Jahrhundert ergänzten Seligpreisungen unterstreichen dies. Der Richter wirft auch einen prüfenden Blick auf die Betrachter. Er ermutigt sie, Wert und Unwert in ihrem Leben selbst zu beurteilen.

Weihnachten

Im rechten Teil des unteren Tympanonregisters wird die **Weihnachtserzählung** nach Lukas wie in einem Mysterienspiel in Szene gesetzt. Man sieht Maria nicht ärmlich, sondern auf einem königlichen Hochbett liegen. Über ihr öffnet sich die geflochtene Krippe mit dem Kind, dazu kommen Ochse und Esel. Drei Engel verehren in froher Anbetung das göttliche Kind. Am Kopfende des Bettes steht eine gekrönte Ecclesia in liturgischer Gewandung, um sich mit ihrem Altarleuchter an der Verehrung zu beteiligen. Das Kind ist im Gegensatz dazu wieder in einfache Tücher gewickelt. Die Mutter umgreift zärtlich seine Wangen, während es sich an ihrem Handgelenk hält. Josef sitzt am Fuß des Hochbettes mit mittelalterlichem Judenhut. Seinen Kopf stützt er nachdenklich in die linke Hand. Er versteht offenbar die Bedeutung der Geburt des Kindes nicht.

Rechts schließt sich die Verkündigung eines Engels an die Hirten an, dass der verheißene Heiland geboren sei. Der einfache Hirte hört dem Engel aufmerksam zu, während die zufriedenen Schafe sich teils auf Felsvorsprüngen stehend an Gras und Blätterwerk laben. Mehrere Figuren ragen aus der Bildtiefe dem Betrachter entgegen und geben der Szene so den Anschein eines aktuellen Geschehens.

Weihnachtsszene im unteren Register des Tympanons rechts

Passion

Links im unteren Register sind drei Figurengruppen aufgereiht, die Eindrücke von den **Passionserzählungen** wiedergeben. In der Mitte steht eine Gruppe, in der drei Szenen kombiniert sind: der Judasverrat im Judaskuss, die darauf folgende Gefangennahme Christi durch die hohepriesterliche Tempelwache und Petrus' Eingreifen dabei mit dem

Gefangennahme Christi im unteren Register des Tympanons links

Schwert. Hoch erhoben hat er es, um dem Soldaten am Boden das Ohr abzuschlagen. Um Christus herum herrscht Tumult, ein Soldat hält die Fackel über ihn, ein anderer packt ihn am Kragen und schwingt seinen Prügel. Christus steht jedoch ruhig und mit offenen Händen in der Menge. In der Szene rechts holen zwei sadistische Schergen mit gebogenen Körpern zum Schlag auf Christus an der Geißelsäule aus. Der Geschundene steht wieder ruhig und duldend da.

Geisselung

Ganz links hängt Judas mit schreckverzerrtem Gesicht und aufgeplatztem Bauch am Baum seines Freitodes. Weil seine Seele nicht auf natürlichem Weg durch den Mund entweichen kann, zerbirst der Leib. Die dreißig Silberlinge des Verrats entgleiten den Händen. Über seinem Kopf spießen zwei Teufel die hämisch verspottete Seele auf. Judas ist hier Kontrastfigur zum duldenden Christus. Sein unwürdiger Tod wird auf den Verrat nicht nur an Christus zurückgeführt, sondern auch an allen Werten und Tugenden, für die diese Person steht. Judas vertraut nicht einmal der Kraft der Vergebung. Dass die historisch falsche, aus Bibelstellen des Matthäusevangeliums und der Apostelgeschichte kombinierte Darstellung dabei maßlos übertreibt, ist zweitrangig. Man sieht hier die frömmigkeitsgeschichtlich hochwirksame Botschaft: Judas, der durch Selbstmord endet, wird zum Symbol des Unheils, Christus dagegen, der den Passionsweg zum Kreuz geht, zum Symbol der Erlösung.

Mehrere Figuren in diesem Register tragen mittelalterliche Tracht, wozu auch Schuhe gehören. Nur die Zentralfiguren der Passion – Christus, Petrus und Judas – sind in damals als biblisch angenommenen Gewändern und barfuß dargestellt. Die Geschehen der Geburt und des Leidens Jesu Christi hatten für die Programmgestalter lebensentscheidende Aktualität. Die Passionsszenen etwa fordern dazu auf, exemplarisch gezeigte körperliche und seelische Schmerzen Christi in Geißelung und Freundesverrat nachzuvollziehen.

Judastod

Auferstehung der Toten

Die **Auferstehenden** in der oberen Reihe des unteren Registers zeigen positive und negative Identifikationsgestalten in zeitgenössischen Trachten und Frisuren.

Die auf der Seite der **Seligen** entsteigen in Leichtigkeit ihren Gräbern, kleiden sich an, reichen einander hilfreich die Hände oder

Auferstehung zur Seligkeit im unteren Register des Tympanons links

falten diese im Gebet. Unter ihnen sind einige Ordensleute, die für das damalige Empfinden einen alternativen Lebensstil gemäß den Idealen Armut, Ehelosigkeit und Gehorsam vorbildlich gelebt haben.

Seelenwägung

Der geflügelte **Erzengel Michael mit der Seelenwaage** und einer Seele darin steht respekteinflößend auf der Seite dieser Auferstehenden. Die Waage neigt sich zugunsten des sympathisch dreinschauenden guten Seelenanteils des geprüften Menschen. Würden hier lediglich die guten gegen die bösen Werke aufgewogen werden, würde sich das ewige Leben der Gerechten ihrer moralischen „Leistung" verdanken. Wie die Betrachtung von Synagoge und Ecclesia

Auferstehung zur Verdammnis im unteren Register des Tympanons rechts

(S. 20-21) gezeigt hat, interessiert sich der göttliche Richter nicht für blinden Gesetzesgehorsam. Er wägt die Regungen in der Tiefe des menschlichen Herzens. Auch eine im hergebrachten Sinn gebrochene Lebensgeschichte, bei der sich die negative Schale eigentlich neigen müsste, kann sich als gottgefällig erweisen.

Auf der Seite der unbekleideten **Verdammten** befindet sich das nicht etwa betende, sondern erbost die Hände ringende **Teufelchen,** dem eine Seele entgeht. Es muss die Seelenwägung gelten lassen, denn es hilft nichts, dass einer seiner Dämonen verzweifelt an der rechten Waagschale zerrt. Mit seiner aufgebrachten Gestik, dem hervortretenden Bäuchlein und dem Ringelschwänzchen sieht es nicht wirklich gefährlich aus.
Die menschlichen Figuren auf der Seite der Verdammten entsteigen nur mühsam dem Totenreich. Sie haben schmerzverzerrte Mienen und ringen teils ähnlich verzweifelt mit den Händen wie das Teufelchen in der Mitte, Steine beschweren ihren Rücken oder ihre Brust. Statt einander zu helfen, schälen sie sich angestrengt und einsam aus ihren Gräbern.

Der Zug der Seligen und der Zug der Verdammten

Im unteren Teil des mittleren Registers schreiten zwei Prozessionen der geschiedenen Menschheit. Jedoch nicht der thronende Weltenrichter übernimmt die Trennung der Seligen von den Verdammten, sondern Christus am Kreuz. So ist der Zug der Seligen zum Kreuz hin ausgerichtet, während der Zug der Verdammten vom Kreuz wegführt

ZUG DER SELIGEN IM MITTLEREN REGISTER DES TYMPANONS LINKS

hinein in das weit aufgerissene Höllenmaul am Tympanonrand. Wieder weist bei Seligen und Verdammten die Kleidung des späten 13. Jahrhunderts auf die Aktualität des Geschehens. Über den Zügen der Seligen und der Verdammten sind die zwölf Apostel als Beisitzer des Gerichts zu sehen. Je drei von ihnen sind ins Gespräch vertieft (S. 8-9).

Bei den **Seligen** wird aufgezeigt, wie die Nachfolge Christi aussehen kann: Unter ihnen befinden sich Bischof, Papst, König, ein Ehepaar und möglicherweise eine Büßerin, die das Knie beugt. Einige Figuren falten die Hände oder blicken auf zum Kreuz als dem Orientierung gebenden Zeichen ihres Lebens und Sterbens. In diesem Zeichen bündeln sich nicht nur die Geschehen der Passion, sondern vor allem Lebensbotschaft und Lebensweg Jesu Christi. In besonders originellem Maß bezeugt die Figur mit dem INRI-Schild seine

Kreuznachfolge. Er illustriert damit wie mit einer Urkunde, dass die mystische Passionsfrömmigkeit ein sehr wirksamer Weg sein kann, um am göttlichen Leben teilzuhaben.
Die **Verdammten** werden an einer langen Kette von zwei geschäftigen Teufeln in den Höllenrachen abgeführt. Ganz vorn finden sich wieder König, Bischof und Papst, der sich einer Frau mit Geldsäckchen zuwendet. Sie trägt Kopftracht, die zumindest scheinbar auf eine ehrbare Frau zurückschließen lässt. Es folgen einige Figuren mit hasserfüllter und entsetzter Mimik.

Die humorvoll abschreckende Darstellung der Verdammten soll die bleibende Bedeutung und Wirkung unethischen Handelns aufzeigen. In Kontrast dazu hat im 20. Jahrhundert der Theologe Hans Urs von Balthasar aufgrund der Lebenshingabe Christi am Kreuz betont, dass Gott unmöglich die ewige Verdammung eines einzigen seiner Geschöpfe wollen kann. Gott und die Gerechten würden alles tun, um den aus freiem Willen in sich selbst verkehrten Menschen einen Weg in die ewige Gemeinschaft zu ebnen.
Bildlich gesprochen müssen sich dann aber die Verdammten nur umdrehen zum Kreuz, um ihrem Schicksal die alles entscheidende Wendung zu verleihen. Mit allen dazugehörigen Konsequenzen wollen oder können sie es wohl – noch – nicht. Dennoch sind bestimmt Bosheit und Strafe in Gottes Augen vorläufig, sie sollen von der Macht der Liebe überholt werden.

Zug der Verdammten im mittleren Register des Tympanons rechts

Von der Torheit zur Klugheit

KLUGE JUNGFRAUEN MIT BRÄUTIGAM, NÖRDLICHE WANDARKATUR

Kluge und törichte Jungfrauen

Die Figuren der Seligen und Verdammten bilden eine Gegenüberstellung, die durch die klugen und törichten Jungfrauen in der Arkatur aufgegriffen wird. Zu ihnen gehören nach dem Straßburger Vorbild die Kontrastfiguren des Bräutigams (S. 44) und des Fürsten der Welt (S. 47). Die **klugen Jungfrauen** auf der Nordseite zeigen Lampen, die im Mittelalter vielleicht entzündet werden konnten. Einige unter ihnen flanieren damit, andere rahmen würdevoll geordnet den Lichtertanz. Die **törichten** richten ihre Lampen nach unten. Sie halten klagend die Hände an Ohr und Brust, zeigen Enttäuschung und Depression.

Gemäß dem ausführlichen Kommentar des Bibelwissenschaftlers Ulrich Luz erzählt die Parabel im Matthäusevangelium von einer Hochzeit mit Brautjungfern, die im Haus der Braut den Bräutigam

erwarten. Ein festlicher Lichterzug soll das Paar zum Hochzeitssaal führen. Fünf Mädchen haben Öl vorbereitet, das ihre Fackeln dabei tränken soll. Die anderen haben sich darauf beschränkt, ihre Fackellampen ohne Öl herzurichten. Auch die Verzögerung der Feier nutzen sie nicht zu weiteren Vorbereitungen. So sind sie bei der Ankunft des Bräutigams nicht zum Festzug bereit, sondern müssen erst noch Öl besorgen. Dennoch wäre zu vermuten, dass die Festgesellschaft über die vergleichbar kleine Panne hinwegsieht.
Für den überraschten Hörer wechselt nun die Szenerie. Es kann kein fröhlicher Hochzeitssaal sein, der nun geschlossen wird. Nicht einmal ein gekränkter Jungvermählter würde die zu spät gekommenen Jungfrauen so abweisen. Sprache und Handlung der Erzählung deuten jetzt darauf hin, dass der Weltenrichter, der zum Fest des Lebens eingeladen hat, erzürnt ist darüber, dass einige seiner Gäste ihn nicht ernst nehmen.

Die Parabel wurde im Lauf ihrer Auslegungsgeschichte in vielerlei Hinsicht allegorisch gedeutet. Die beliebteste Interpretation sieht in den Jungfrauen zum Glauben bekehrte Menschen, die dies in Taten der zwischenmenschlichen Liebe zum Ausdruck bringen oder eben nicht. Den ersten Hörern des Evangeliums unter den Urchristen wurde so ein wichtiger Aspekt des Glaubens vor Augen geführt.
Der Schriftsteller Nikos Kazantzakis ließ in einem fiktiven Dialog Jesus mit seinen Jüngern das Ende der Parabel variieren. Ein Jünger meinte, der Weltenrichter sollte den törichten Jungfrauen aus Barmherzigkeit öffnen. Diese Fassung der Parabel wäre heutigem Gerechtigkeitsempfinden nach vielleicht besser als die ursprüngliche. Ein origineller Mittelweg zwischen Strenge und Milde ist eine Art Schulbildung oder Therapie für die törichten Jungfrauen. Die biblischen Figuren auf der Nordseite und die freien Künste auf der Südseite zeigen dann als Vorbilder Therapie- und Lernziele für sie auf.

TÖRICHTE JUNGFRAUEN, SÜDLICHE WANDARKATUR

Vorbilder in Leben und Glauben

Bräutigam der klugen und törichten Jungfrauen, nördliche Wandarkatur

An der Nordwand der Portalhalle befinden sich um die klugen Jungfrauen herum Vorbilder für das Leben und den Glauben.
Auf dem ersten Platz steht der **Bräutigam** aus der Jungfrauenparabel. Im Vergleich zu den anderen Figuren der Arkatur ist er schlicht gestaltet. Der Kreuznimbus erweist ihn als Christus. Die offene Körperhaltung ohne Mantel und das gütige, aber reife Antlitz erinnern an Jesus von Nazareth in seinem öffentlichen Wirken, während er gerade predigt oder heilt. Diese Figur ist ein Betrachtungsbild, das Jesu menschliches Charakterwesen erahnen lässt. Als Bräutigam spielt sie auf die Metapher der Brautschaft der Seele mit Christus an und zeigt die zärtliche Intimität, mit der man sich eine Begegnung von Gott und Mensch vorstellen kann.

Der von den Jungfrauen eingeleitete Figurenzyklus wird dann mit **biblischen Gestalten** fortgeführt. Die blockhaften Figuren wirken wie erstarrt im Vergleich zu den Jungfrauen. Nur die Arme und der Kopf sind bewegt. Die Stirn wirft Falten, eng über den Augen liegen die Brauen, die Lippen sind zusammengepresst. Diesen strengen Glaubenszeugen gebührt Respekt.
Wie die klugen Jungfrauen ihre Lampen in den rechten Händen vorzeigen, hält auch **Maria Magdalena** ein Gefäß mit Öl. Ihre Augenlider hängen jedoch tief, der Blick scheint in die Ferne zu schweifen. Die historische Maria von Magdala wurde schon früh frömmigkeitsgeschichtlich überformt und stand im Mittelalter für vollkommene Reue und Buße, insbesondere im Zusammenhang mit sexuellen Verfehlungen. Die biblische Person wird als eine von Christus geheilte Jüngerin vorgestellt, die nicht identisch ist mit einer Prostituierten oder der Frau, die ihn kurz vor seinem Tod gesalbt hat. Maria ist die einzige Person im Neuen Testament, die bei Kreuzigung, Grablegung

und Entdeckung des leeren Grabs als anwesend namentlich genannt wird. Im Johannesevangelium ist ihr eine eigene Ostererzählung gewidmet. Darin überwindet sie die Trauer über den Verlust ihres geistlichen Lehrers und fasst den Mut, mit seiner Botschaft als Osterzeugin vor die Menschen zu treten. Zwei Figuren weiter zeigt **Johannes der Täufer** (S. 46) auf ein Opferlamm und kündigt damit Christus an. Der Prophet der Wüste ist in ein haariges Untergewand und in einen Überwurf mit Kamelhaarfutter gehüllt. Sein strenger und durchdringender Blick richtet sich zu den Betrachtern unten. Er scheute sich dem biblischen Zeugnis gemäß nicht, unbequeme Wahrheiten deutlich auszusprechen. Für die Kritik an der Herrschaftsausübung und Lebensführung seines Königs musste er mit dem Leben bezahlen. Die Erzählung vom Tanz der Salome und der darauf folgenden Enthauptung des Täufers wird im dritten Sockelrelief unter den Gewändefiguren der Nordseite ins Bild gesetzt (S. 4).

Maria Magdalena, nördliche Wandarkatur

Der Auferstandene mit Maria Magdalena, Thomas und mehreren Aposteln

JOHANNES DER TÄUFER, NÖRDLICHE WANDARKATUR

Versuchung

Die drei sich nun an der Westwand anschließenden Figuren bilden einen Kontrast zu den positiven Glaubenszeugen der Nordwand. Auf dem letzten Platz an der Westwand, direkt neben dem Außenportal, steht der so genannte **Fürst der Welt** in reicher zeitgenössischer Tracht. In Gebärdenanalogie zu den klugen Jungfrauen trägt er eine Blume in Lampenform. Während die Jungfrauen mit den Lampen ihre Bereitschaft zur Nachfolge Christi demonstrieren, äfft der Fürst der Welt mit einer vergänglichen Blume die Jungfrauen wie ein falsches Vorbild nach. Sein zerfressener Rücken entlarvt die blendende Vorderfront und die präsentierte Blume als trügerischen Schein.

Die etwas kleinere, fast unbekleidete Nachbarfigur, eine junge Frau mit feinen Gesichtszügen, gepflegtem Haar, etwas abwesendem Blick und erotischer Ausstrahlung, hat ein Bocksfell um die Schultern gelegt. Als Verkörperung der ausschließlich sexuellen Lust ist die **Voluptas** ein zweites Beispiel trügerischer Verlockung, sie ist nach mittelalterlicher Auffassung eine starke und gefährliche Macht. Ihr geht es nämlich bei der körperlichen Befriedigung um sich selbst und

VERFÜHRUNGSGRUPPE, NÖRDLICHE WANDARKATUR

Herrschaft über andere, nicht um eine wirklich partnerschaftliche Liebesbeziehung.
Der **Engel** daneben warnt mit dem Spruchband „NE INTRETIS" vor dem Blendwerk schmeichelnder Liebe. Die lateinische Formel steht für ein Wort Christi, als er in Todesangst die gleichgültig schlafenden Jünger rügte: „Betet, damit ihr nicht in Versuchung geratet." Seit der Antike wird die Lebenskunst überliefert, im Bewusstsein der Endlichkeit zu leben, um einmal einen guten Tod zu sterben. Die Verführungsgruppe kann den Blick schärfen für Wahrheit und Schein, für alles, was im Angesicht des Todes keinen Wert und Bestand mehr hat.

RÜCKENANSICHT DES FÜRSTEN DER WELT

Vom Wissen zur Herzensbildung

SIEBEN FREIE KÜNSTE (GRUNDWISSEN): GRAMMATIK, DIALEKTIK, RHETORIK, SÜDLICHE WANDARKATUR

Auf der Nordseite wird die Linie der positiven Glaubenszeugen durch die Verführungsgruppe gebrochen. Auf der Südseite folgen auf die törichten Jungfrauen die **sieben freien Künste**, und die Figurenreihe wird positiv von **zwei Heiligen** abgeschlossen.

Die sieben freien Künste sind Personifikationen des mittelalterlichen Bildungssystems. Eine erste Dreiergruppe stellt das Grundstudium dar. Ein fleißiger Schüler zu Füßen der **Grammatik** (Sprachlehre) liest aufmerksam in einem Lehrbuch, während sie einem unbekleideten anderen Schüler am Ohr zieht und ihm mit der Rute droht. Ihr fol-

SIEBEN FREIE KÜNSTE (WEITERFÜHRENDES WISSEN): GEOMETRIE, MUSIK, ARITHMETIK (BZW. MALEREI), ASTRONOMIE, SÜDLICHE WANDARKATUR

gen die **Dialektik** (Argumentationskunst) mit dem damals üblichen Handgestus des Diskutierens und die **Rhetorik** (Überredungskunst), die großzügig Münzen ausschüttet. Das weiterführende Studium versinnbildlichen die nächsten vier Figuren: Die **Geometrie** hält einen Winkel und einen Zirkel, die **Musik** eine Handglocke mit Anschlaghammer, die **Arithmetik** (Rechenkunst) eine im 19. Jahrhundert falsch ergänzte Palette anstelle des ursprünglichen Rechenbrettes. Sie wurde zu einer Malerei umgewidmet. Die **Astronomie** trägt eine vielleicht auf die Jungfrauenparabel rückweisende Flasche mit Lampenöl. Am Außenportal stehen abschließend die beiden gekrönten Martyrerinnen und Jungfrauen **Margareta von Antiochien** mit einem Drachen und **Katharina von Alexandrien** mit dem Rad. Ihre stilistische Gestaltung ist den biblischen Figuren auf der Nordseite ähnlich. Die feinen Antlitze erweisen sie als besonders gebildete und charakterfeste Personen.

Die sieben freien Künste neben den törichten Jungfrauen sind in Freiburg vermutlich als Symbole der glaubenden Vernunft eingefügt. Als im Hochmittelalter die Natur- und Geisteswissenschaften systematisiert wurden, staunte man über die wohlgeordnete Schöpfung und wollte sie in der Harmonie der gotischen Kirchen nachempfinden.

Die heiligen Jungfrauen Margareta und Katharina, südliche Wandarkatur

Die Anhäufung von Wissen ist deshalb auch kein Selbstzweck. Das Wissen, das die Künste vermitteln, soll den Menschen von irdischer Gelehrtheit an die höchste Weisheit heranführen, für die etwa die heilige Katharina steht. Der Legende nach ist es ihr gelungen, hochgebildete Philosophen und Mitglieder des Kaiserhauses von ihrem Menschenbild und ihrem Glauben zu überzeugen. Als Nothelferin werden ihr weitere emotionale und soziale Fähigkeiten zugesprochen. Somit ist vor allem Herzensbildung ein Lebensziel, an das die törichten Jungfrauen herangeführt werden sollen.

Vom lebensfrohen Fest in den Alltag

Figurenornat der Wandarkatur

Die Portalhalle des Münsters ist ein Übergangsraum zwischen Gottesdienst und Glauben im Alltag. Am Innenportal verweisen die beiden Kapellenschreine unter den inneren Gewändefiguren, die Engel der inneren Archivolte und beispielsweise die Engel der Weihnachtsszene auf himmlisches und irdisches Beten. Auch in der Ornamentik der Wandarkaturen herrscht ein fröhliches und festliches Treiben, selbst bei den dämonischen Schmuckfiguren.

Anbetungsengel der Weihnachtsszene im unteren Register des Tympanons rechts

Die beiden **Engel am Außenportal** (Umschlag hinten) dagegen wenden sich nach draußen dem konkreten Leben der Stadtbewohner zu. Sie tragen die Inschriften VIGILATE ET ORATE – *Wacht und betet* und NOLITE EXIRE – *Geht nicht weg.* Das Bildprogramm der Portalvorhalle hat also eine seelsorgliche Ausrichtung:
Leben, Sterben und Auferstehen Jesu Christi werden im Münster in gottesdienstlichen Feiern, in Sakramenten und als Mysterientheater spielerisch nachvollzogen. Diese Feiern waren besonders für das schon erwähnte IV. Laterankonzil Zeichen und Mittel seiner Gegenwart über die Grenzen der Zeit hinweg. Die Sakramente, vor allem die Eucharistie, auf die der mehrfach hochgehaltene Kelch hinweist,

Ordensleute unter den Auferstehenden zur Seligkeit im unteren Register des Tympanons links

sollen als Feiern mit Leib und Seele die Begegnung mit Gott leichter erlebbar machen. Als Heilmittel für das Herz können sie dann den Alltag zum positiven wandeln.
Die franziskanische Bewegung warb zur Zeit der Entstehung der Portalhalle voller Begeisterung für einen einfachen Lebensstil, für lebensfrohe Naturverbundenheit und eine leicht eingängige Liturgie. Die Motivation, Christus ähnlich zu werden, lag für viele von ihnen nicht in der Furcht vor dem Gericht. Sie gründete vielmehr in einem Glauben, der für sich und für andere eine sinnvolle Lebensaufgabe fand und so das Leben lebenswert machte.

Engel mit Weihrauchfass aus den Archivolten

Hymnus

Ein geistlicher Text aus dem Brief des Apostels Paulus an die Philipper wurde in seiner Urform wahrscheinlich als hymnisches Lied in den ersten christlichen Gottesdiensten gebetet. Die paulinische Einleitung und Aufforderung könnte auch von den Freiburger Gestaltern des Figurenzyklus in der Portalhalle stammen:

Seid untereinander so gesinnt,
wie es dem Leben in Jesus Christus entspricht:

Er war Gott gleich,
hielt aber nicht daran fest, wie Gott zu sein,
sondern entäußerte sich und wurde wie ein Sklave
und den Menschen gleich.
Sein Leben war das eines Menschen.
Er erniedrigte sich und war gehorsam bis zum Tod,
bis zum Tod am Kreuz.

Darum hat ihn Gott über alle erhöht
und ihm einen Namen verliehen,
der größer ist als alle Namen,
damit alle im Himmel, auf der Erde
und unter der Erde ihre Knie beugen
vor dem Namen Jesu
und jeder Mund bekennt:
Jesus Christus ist der Herr zur Ehre Gottes des Vaters.